NOTE

Cour impériale
DE PARIS.

—

CINQUIÈME CHAMBRE

—

M. MASSÉ
Président

POUR

M. BEAUFOUR

AGISSANT AU NOM ET COMME SYNDIC

1° de la faillite de GASTEL père

2° de la faillite de la société GASTEL père et fils

3° de la faillite de la société héritiers GASTEL

3° des quatre faillites individuelles GASTEL fils, dame CLAUZEL, dame BARDON, dame de POMPIGNAN

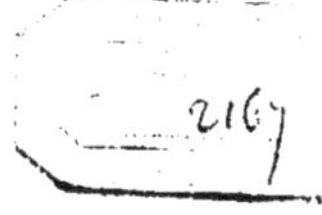

Intimé

CHARPENTIER

CONTRE

1° M. DESGROTTES

Appelant du jugement rendu le 2 août 1865

DAVID

2° M. GASTEL fils

M. et Madame BARDON

M. et Madame de POMPIGNAN

Appelants du jugement rendu le 24 mai 1865

CABANNE

3° M. et Madame CLAUZEL

Appelants dudit jugement du 24 mai 1865

GIOT

EN PRÉSENCE DE

1° M. ROUGEMONT DE LOWEMBERG

Intimé   BETHEMONT

2° MM. MAES, frères

Intimés   ROBERT

3° MM. les fils de PIGANEAU

Intimés   BORNOT

4° MM. ARCHAMBAULT-CHANTROT ET Cⁱᵉ

Intimés   LEHELLOCO

OBJET DU PROCÈS.

M. Desgrottes créancier de **M.** Gastel père obtiendra-t-il le droit d'être payé par privilége et préférence d'une créance de **320,000 fr.**, au détriment d'une masse créancière de plus d'un million?

FAITS

§ I.

GASTEL PÈRE. — SON COMMERCE. — SA GÊNE EN 1864. — CIRCULATION. — ACTE DE SOCIÉTÉ. — DÉCÈS.

M. Gastel père était à Paris, en 1864, à la tête d'une maison de commerce, ayant pour principal objet l'importation et l'exportation de marchandises des colonies.

M. Gastel avait maison à Paris, rue d'Anjou-St-Honoré, n° 80, et maison à La Martinique.

Les livres de M. Gastel père révèlent les nombreuses affaires dans lesquelles il se trouvait engagé, notamment dans les années 1863 et 1864.

Les mêmes livres établissent la circulation d'effets à l'aide de laquelle M. Gastel père cherchait à maintenir son crédit.

En mars 1864, M. Gastel père, qui avait obtenu de nombreux renouvellements de ses créanciers, était a la veille de suspendre ses paiements, s'il ne trouvait un moyen de faire face aux échéances des billets renouvelés.

On le voit s'adresser simultanément à trois maisons de commerce pour obtenir des crédits.

Repoussé par ceux auxquels il s'adressait, il songea à créer une signature qui lui survécut, et, dans ce but, il fit le 29 mars 1864, avec Adrien Gastel, un acte de société dont nous mettons les termes sous les yeux de la Cour.

ARTICLE PREMIER.

Il est formé entre les susnommés une société commerciale en nom collectif, sous la raison sociale : Gastel père et fils.

ARTICLE 2.

Cette société est formée pour cinq années qui commenceront à dater de ce jour. Elle a pour objet de continuer les affaires de la maison Gastel de Paris et de Saint-Pierre-Martinique, dont M. Gastel père a été jusqu'ici le seul intéressé, et qui a pour principal objet le commerce d'importation et d'exportation de marchandises des Colonies, sans préjudice des autres opérations commerciales qu'il conviendrait aux intéressés d'entreprendre d'un commun accord.

ARTICLE 3.

La signature sociale appartiendra à chacun des associés individuellement, mais elle ne pourra être valablement employée que pour les affaires sociales régulièrement consignées sur les livres de la société.

ARTICLE 4.

M. Gastel père apporte dans la Société ses valeurs actives et passives telles qu'elles résultent des derniers bilans des maisons de Saint-Pierre-Martinique et de Paris.

ARTICLE 5.

De son côté M. Adrien Gastel apporte dans la Société son travail et son industrie.

ARTICLE 6.

Les écritures de la société seront tenues en partie double, elles seront arrêtées chaque année le 31 décembre, et à cette date il sera dressé un inventaire des résultats de l'année écoulée, et les bénéfices nets après prélèvement des frais généraux et autres dépenses sociales seront répartis entre les associés de la manière suivante :

M. Gastel père prendra trois quarts ;

M. Adrien Gastel prendra un quart, en cas de perte elles seront supportées dans la même proportion.

ARTICLE 7.

Si la moitié du capital social venait à se trouver absorbé par des pertes, l'un des associés aurait le droit d'en exiger la dissolution ; hors ce cas de perte de la moitié du capital social, la société ne pourra être dissoute que du consentement réciproque des deux intéressés.

La mort même de l'un d'eux n'entraînerait pas la dissolution ; la Société devrait, au contraire, continuer entre le survivant et les héritiers ou représentants du prédécédé ; mais dans ce cas l'associé survivant conserverait seul la signature sociale.

ARTICLE 8.

Les contestations qui pourront s'élever entre soussignés au sujet des affaires sociales seront jugées souverainement sans appel par trois arbitres choisis d'un commun accord par les parties, ou nommés par le Président du Tribunal de commerce de la Seine, à la requête de la partie la plus diligente.

Nous appelons l'attention de la Cour sur l'article 5 de cet acte de société, dans lequel Gastel fils apporte *son travail et son industrie.*

Le but de M. Gastel se trouvait atteint, puisque d'une part il obtenait une signature nouvelle, et que d'autre part, la signature sociale destinée à lui survivre permettait le renouvellement des échéances prochaines.

La société ne fut pas de longue durée, car M. Gastel père mourut le 15 avril 1864.

§ II.

SUCCESSION GASTEL.— PAS D'INVENTAIRE.— TRAITÉ ROUGEMONT. — PROCURA-
TION. — HYPOTHÉQUE.

Après le décès de M. Gastel père, ses héritiers s'abstiennent de tout inventaire et se préoccupent exclusivement de pourvoir au renouvellement et au paiement des traites dues.

Au nombre de ses créanciers se trouvait M. Rougemont de Lowemberg, auquel M. Gastel père devait la somme de 197,518 francs, plus les intérêts et les commissions.

Les héritiers Gastel se hâtèrent de traiter avec cette maison.

Nous mettons ce traité sous les yeux de la Cour.

Entre les soussignés :

1° M. Adrien Gastel;

2° Mme Émilie Gastel, épouse de M. Édouard Bardou;

3° Mme Léonie Gastel, épouse autorisée de M. Marcelin Clauzel;

4° Mme Marie Gastel, épouse autorisée de M. Adrien Assier de Pompignan, M. Adrien Gastel, Mme Bardon, Mme Clauzel et Mme de Pompignan, agissant comme seuls héritiers chacun pour un quart de M. J.-M.-A.-D. Gastel, leur père, décédé à Paris, le 15 avril 1864, d'une part ;

5° Et M. Rougemont de Lowemberg, banquier, demeurant à Paris, rue de la Victoire, 60, d'autre part ;

A été expliqué et convenu ce qui suit :

Du vivant de M. Gastel, des relations d'affaires existaient entre sa maison de commerce et la maison de banque de M. Rougemont de Lowemberg. Par suite de ces relations, au moment où M. Gastel est décédé, il se trouvait débiteur envers M. Rougemont de Lowemberg d'une somme de cent quatre-vingt-dix-sept mille cinq cent dix-huit francs quarante centimes, plus les intérêts et commissions.

Après la mort de M. Gastel, M. Rougemont de Lowemberg ayant ainsi manifesté le désir d'être couvert de la somme qui lui était due, les héritiers de M. Gastel ne lui ont pas dissimulé l'embarras que leur causerait, dans les circonstances actuelles, l'obligation de se libérer envers lui, et ils l'ont prié seulement de leur continuer le crédit qu'il avait fait à M. Gastel de son vivant, mais encore de vouloir bien leur prêter son concours pour opérer dans les meilleures conditions possibles la liquidation des affaires de la succession Gastel.

A l'appui de cette demande, les héritiers Gastel ont soumis à M. Rougemont de Lowemberg un état des valeurs actives et passives dépendant de ladite succession.

Après avoir examiné cet état, M. Rougemont de Lowemberg, ayant consenti à prêter le concours qui lui était demandé, les parties ont arrêté entre elles les conventions suivantes :

ARTICLE PREMIER.

La Société formée à Paris le 29 mars 1864, sous la raison sociale Gastel père et fils (Société dont l'unique but était de créer une signature commerciale qui pût survivre à M. Gastel père) est considérée comme nulle et non avenue. Toutes les opérations faites sous le nom de ladite raison sociale dépendent réellement de la succession de M. Gastel père.

ART. 2.

La liquidation de la succession de M. Gastel et de toutes les affaires qui en dépendent sera faite, au nom de ses héritiers susnommés, par M. Grandmange, leur mandataire commun; à cet effet, il sera donné à M. Grandmange, dans le délai de trois jours, une procuration contenant les pouvoirs les plus étendus. Cette procuration ne pourra être révoquée qu'avec le consentement de M. Rougemont de Lowemberg, et les héritiers Gastel s'interdisent de faire, soit collectivement, soit individuellement, aucun acte d'immixtion dans les affaires de la succession. Toutefois, pour les valeurs de commerce qui auraient été créées au profit de la société Gastel père et fils ou passées à son ordre, M. Adrien Gastel devra donner la signature sociale toutes les fois qu'il en sera requis par M. Grandmange.

Art. 3.

Toutes les valeurs de la succession Gastel seront réalisées dans le plus bref délai possible ; le produit de ces réalisations sera, sans aucune exception ni réserve, versé en compte courant à la caisse de M. Rougement de Lowemberg. qui en créditera la succession.

Par contre, M. Rougemont de Lowemberg s'engage à mettre M. Grandmange en MESURE de faire honneur aux échéances commerciales et de payer les autres dettes de la Société qu'il serait urgent de liquider : il lui fournira aussi les moyens de faire face aux frais de bureaux de la succession et aux dépenses de maison de M. Gastel, étant bien entendu que ces frais et dépenses ne devront pas s'élever au delà de 3,000 francs par mois.

Dans aucun cas, cependant, le chiffre pour lequel M. Rougemont de Lowemberg consent à donner son concours à la succession Gastel ne devra dépasser la somme totale de 500,000 francs à découvert.

Les sommes ainsi versées à M. Grandmange seront portées au débit du compte courant de la succession. Ce compte courant produira des intérêts qui seront calculés au taux de la Banque de France et conformément aux usages du commerce, sans qu'ils puissent toutefois être inférieurs à 5 p. 100, dans le cas où ces intérêts viendraient au profit du compte des héritiers Gastel, ils seront bonifiés par M. Rougemont de Lowemberg à 1 p. 100 au-dessous du taux de la Banque.

2

*La commission que prendra M. Rougemont de Lowemberg sera de
2 p. 100 sur le montant de ses avances, soit par caisse, soit par accep-
tation, et de 1|2 p. 100 sur toutes les autres opérations qui figureront
au compte des héritiers Gastel. Ces commissions seront prises à chaque
règlement trimestriel du compte, sur la coloune du débit. Ce solde sera
franc de commission au compte nouveau.*

ART. 4.

*Des mesures seront prises d'un commun accord pour réduire autant
que possible le découvert de caisse de M. Rougemont de Lowemberg.*

ART. 5.

*Pour garantir M. Rougemont de Lowemberg contre toute éventualité
de perte, il lui sera, s'il le désire, et à sa première réquisition, conféré
une hypothèque sur les immeubles dépendant de la succession situés
tant en France qu'à la Martinique.*

**Cette hy othèque sera causée de « tant pour garantir à
« M. Rougemont de Lowemberg le remboursement de ses
« avances que pour le rendre indemne des engagements qu'il
« aurait ou pourrait contracter dans l'intérêt de la liquida-
« tion. » Elle sera valable jusqu'à concurrence de la valeur
intégrale desdits immeubles qui seront aujourd'hui libres de
toutes charges.**

*En outre, si (ce qui paraît aujourd'hui impossible) l'actif se trouvait
insuffisant pour couvrir tout le passif, Mmes Bardon, Clauzel et Assier*

de Pompignan, avec l'assentiment de leurs maris, s'engagent à rap-
porter ce qu'elles ont reçu en dot de leur père pour couvrir M. Rouge-
mont de Lowemberg de ce qui pourrait lui rester dû après l'épuisement
de toutes les valeurs de la succession.

ART. 6.

Pour assister M. Grandmange dans les soins à donner aux affaires
de la liquidation, les soussignes désignent, savoir : M. Rougemont de
Lowemberg, M. Michelet ; les héritiers Gastel, M. Ad. Billette.
MM. Michelet et Billette auront droit de prendre connaissance des
écritures de la liquidation toutes les fois qu'ils le jugeront convenable,
et M. Grandmange sera invité à ne prendre aucune mesure importante
sans les consulter.

Fait en deux originaux à Paris, 31 mai 1864.

Ce traité contient l'aveu le plus net et le plus péremptoire de la
cessation de paiement de M. Gastel père.

Nous y reviendrons dans la discussion.

Une procuration devait être donnée à M. Grandmange, et elle l'a
été par acte du 1er juin 1864.

Au nombre des pouvoirs donnés au mandataire, nous signa-
lons les suivants :

Gérer et administrer tant activement que passivement tous les biens
et affaires de la succession de M. Gastel, et liquider tant en France qu'à
la Martinique les affaires commerciales personnelles à ce dernier, ainsi

que celles de la société en nom collectif formée entre lui et M. Gastel, son fils, comparant, sous la raison sociale Gastel père et fils, ainsi qu'il résulte d'un acte sous signatures privées en date à Paris du 29 mars 1864, enregistré à Paris, le lendemain, fol. 33, verso, case 8, au droit de 8 fr. 45 c., décime compris.

En conséquence, toucher et recevoir toutes les sommes qui sont ou pourront être dues tant à ladite succession qu'à ladite société, à tel titre et pour telle cause que ce soit, entendre, débattre, clore et arrêter tous comptes, en fixer les reliquats, les payer ou recevoir.

Acquitter toutes les sommes qui sont ou pourront être dues par lesdites succession et société, aussi à tel titre que ce soit.

Continuer et faire toutes les opérations de commerce de feu M. Gastel et de la Société d'entre lui et son fils, acheter et vendre toutes marchandises, se charger de toutes commissions et fournitures, passer tous marchés, les exécuter.

Emprunter jusqu'à concurrence d'une somme qui ne pourra excéder 700,000 francs en principal, en une ou plusieurs parties, d'une ou plusieurs personnes, pour le temps et aux conditions que le mandataire jugera convenables, soit par voie d'obligations hypothécaires, soit par voie d'ouvertures de crédit, soit par voie de reconnaissances ; obliger les constituants solidairement entre eux au remboursement du capital et au service des intérêts aux époques et de la manière qui seront convenues ;

Affecter et hypothéquer à la sûreté des obligations souscrites tous les immeubles situés en France et à la Martinique, pouvant dépendre tant de la communauté ayant existé entre ledit feu sieur Gastel et madame Anne-Marie-Catherine Faure, sa veuve, que de la succession dudit sieur Gastel, notamment en ce qui concerne les immeubles de France, une ferme située au Mesnil-Mauger, canton de Mezidon, arrondissement de Lizieux (Calvados), et une maison de campagne, située à Maisons-Laffitte (Seine-et-Oise), et un terrain situé audit lieu de Maisons-Laffitte.

Enfin, la convention Rougemont reçoit le complément de son exécution par l'affectation hypothécaire qui est donnée, suivant acte reçu par Roquebert, notaire à Paris, les 6 et 9 août 1864.

Telle est, au lendemain du décès de M. Gastel, la situation de ses affaires commerciales.

§ III.

AGISSEMENTS DES HÉRITIERS GASTEL.—CIRCULAIRE. — RENOUVELLEMENT DE TRAITES. — CORRESPONDANCE. —ATTRIBUTS COMMERCIAUX.

L'acte de société Gastel, père et fils, du 29 mars 1864, stipulait, comme on l'a vu, dans l'article 7, la continuation de la société Gastel père et fils, et appelait ainsi tous les enfants Gastel à remplacer leur père décédé.

Les héritiers avaient donc à suivre une marche normale et simple: poursuivre les opérations de la société Gastel père et fils, ou à défaut de ressources suffisantes s'entendre pour la dissoudre.

Dans les deux cas, la société Gastel père et fils devait conserver sa raison sociale originaire, et rien ne devait être changé que le personnel des associés.

Au lieu d'agir ainsi, les héritiers Gastel se jettent dans les contra-dictions les plus singulières :

1° Ils déclarent dans l'acte Rougemont que la société Gastel père et fils n'est qu'une fiction et qu'elle est nulle et non-avenue ;

2° Le 1ᵉʳ juin 1864, ils donnent pouvoir à M. Grandmange de liqui-der les affaires commerciales, tant de M. Gastel père que de la société Gastel père et fils ;

Et chose singulière !

Ils chargent le même mandataire de continuer toutes les opérations de commerce de feu Gastel et de la société, d'acheter et vendre toutes marchandises, et de se charger de toutes commissions.

Ce n'est pas tout ; le 5 juin, ils adressent au commerce la circu-laire suivante, qui exprime cette double intention de liquider les affaires de la société Gastel père et fils et de reprendre les opéra-tions en les continuant.

Voici la circulaire :

Paris; le 5 juin 1864.

« Monsieur,

« Nous avons l'honneur de vous informer que la Société existant « sous la raison sociale : **Gastel père et fils** est dissoute, par suite « de la mort de M. GASTEL père, *et que la liquidation en sera faite* « *par les* **héritiers Gastel**, *qui en reprennent et continuent les opé-* « *rations.*

« Nous vous prions de vouloir bien prendre note que M. A

« GRANDMANGE, dont vous avez ci-dessous la signature, est seul
« chargé des pouvoirs de tous les intéressés.

« Veuillez agréer, Monsieur, nos salutations distinguées.

« GASTEL père et fils. »

Par procuration des héritiers Gastel.

A. GRANDMANGE.

La Cour y lira avec surprise que les héritiers Gastel déclarent la
Société Gastel père et fils, dissoute par la mort de Gastel père, et
font ainsi abstraction, comme dans l'acte Rougemont, de la clause de
continuation.

Du mois de juin au mois d'août 1864, les héritiers Gastel se
mettent en relations avec les créanciers de Gastel père, tirent des
traites, en acceptent, obtiennent et signent des renouvellements.

Ils se présentent aux tiers comme une maison de commerce dis-
tincte et avec tous les attributs commerciaux qui consacrent cette
distinction.

Ainsi par exemple :

1° Leurs traites portent la griffe, — *Héritiers Gastel* ;

2° L'entête de leurs lettres porte.

LES HÉRITIERS GASTEL
80, Rue d'Anjou-Saint-Honoré, 80

PARIS

MAISON A SAINT - PIERRE - MARTINIQUE

Certes les tiers qui ont reçu la circulaire du 5 juin ont dû penser que les héritiers Gastel se présentaient à eux comme une maison nouvelle.

§ IV.

DIFFICULTÉS. — DISSOLUTION DE LA SOCIÉTÉ GASTEL PÈRE ET FILS. — IN-VENTAIRE. — CESSATION DE PAIEMENT. — CONVOCATION DES CRÉAN-CIERS.

Après avoir tenu la ligne de conduite que nous venons de signaler, les héritiers de Gastel se ravisent et songent un peu tard à se poser comme les continuateurs de la société Gastel père et fils.

Que font-ils ?

Ils signent, le 20 août 1864, un acte de dissolution de la société Gastel père et fils, dont les termes sont ainsi conçus :

ARTICLE PREMIER.

Est et demeure dissoute purement et simplement à compter du 20 août 1864 la société en nom collectif, formée entre M. Jacques-Pierre-Auguste-Dominique Gastel, décédé, et M. Louis-Pierre-Adrien Gastel fils, et dont le siége était à Paris, rue d'Anjou-Saint-Honoré, n° 80, le tout ainsi qu'il résulte d'un acte sous signatures privées, en date à Paris du 29 mars 1864, enregistré à Paris le lendemain, f° 33, v° c° 8, anx droits de 8 fr. 40 c., décimes compris.

Laquelle Société avait continué d'exister depuis le décès de

M. Gastel entre les héritiers de ce dernier soussignés et **M. Gastel** fils, conformément à l'article **7** des statuts de ladite **Société**.

ARTICLE 2.

M. Adolphe Grandmange, propriétaire, demeurant à Paris, rue d'Anjou-Saint-Honoré, nº 80, sera seul chargé de la liquidation et tous les pouvoirs les plus étendus lui sont conférés à ce sujet, notamment à l'effet de :

Réaliser tout l'actif de la société ;

Toucher toutes les sommes qui sont ou pourront être dues à ladite société, à tel titre et pour telle cause que ce soit ;

Entendre, débattre clore et arrêter tous comptes, payer tout passif ;

De toutes sommes reçues donner quittances, faire main-levée et consentir la radiation de toutes inscriptions, saisies, oppositions et autres empêchements quelconques, se désister de tout droit d'hypothèque, le tout avec ou sans paiement, lesdites fonctions purement gratuites.

ARTICLE 3.

Pour faire publier les présentes, partout où besoin sera, tous pouvoirs sont donnés au porteur d'un extrait.

Nous verrons plus loin dans la discussion, comment cette disolution peut se concilier avec les déclarations de l'acte de Rougemont et la circulaire du 5 juin 1860.

3

L'acte de dissolution est publié le 11 septembre 1864, et les héritiers font procéder, le 28 septembre 1864, à l'inventaire des biens dépendant de la succession Gastel père.

Les billets renouvelés viennent à échéance, et au mois d'octobre 1864, la cessation de paiement éclate.

Bientôt, MM. Blacque frères, tiers porteurs de 160,000 fr. de traites tirées de Saint-Pierre de la Martinique par le mandataire des héritiers Gastel, font protester lesdites traites le 18 novembre 1864.

Le 26 novembre, les héritiers Gastel adressent à leurs créanciers la circulaire suivante :

Nous avons l'honneur de vous prier, messieurs, de vouloir bien assister, ou vous faire représenter à la réunion de NOS CRÉANCIERS, *qui aura lieu jeudi prochain, 1ᵉʳ décembre prochain, ici, à trois heures.*

C'est en présence de ces agissements et de ces faits que vont surgir les demandes en déclaration de faillite.

§ V.

TROIS DEMANDES 1 E MAES EN DÉCLARATION DE FAILLITE DE GASTEL, PÈRE ET FILS, ET HÉRITIERS GASTEL. — DEMANDE PIGANEAU EN DÉCLARATION DE FAILLITE DES HÉRITIERS GASTEL.—JUGEMENT PAR DÉFAUT DÉCLARATIF DE FAILLITE DES HÉRITIERS GASTEL.

MM. Maës frères, créanciers de Gastel père, et porteurs de 82,570 f. de traites souscrites par les héritiers Gastel, en renouvellement des obligations de leur père, ont, par trois exploits des 23 et 30 décembre 1864 et 26 janvier 1865, assigné devant le Tribunal de commerce les héritiers Gastel individuellement et la Société Gastel père et fils, pour :

S'entendre déclarer les sieurs Gastel père et fils et héritiers Gastel en état de faillite, etc.

De leur côté les fils de Piganeau, créanciers des héritiers Gastel, en vertu des traites dont ils sont porteurs, les ont également assignés en déclaration de faillite.

En cet état, le Tribunal a rendu, le 7 février 1865, un jugement par défaut ainsi conçu :

LE TRIBUNAL,

Attendu que les défendeurs ne comparaissent pas, quoique dûment appelés ;

Attendu qu'il résulte des pièces produites que les défendeurs sont en état de cessation de paiement ;

Donne défaut contre les héritiers Gastel.

Et pour le profit,

Déclare les héritiers Gastel en état de faillite ouverte.

Ce jugement est publié.

§ VI

OPPOSITION PAR LES ÉPOUX CLAUZEL AU JUGEMENT DU 7 FÉVRIER. — OPPOSITION PAR LES ÉPOUX BARDON AU MÊME JUGEMENT. — DEMANDE PIGANEAU EN MAINTIEN DU JUGEMENT ET EN FAILLITE DE GASTEL PÈRE. — DEMANDE MAES EN FAILLITE DE GASTEL PÈRE. — INTERVENTION ARCHAMBAULT CHANTROT ET DEMANDE DE FAILLITE DE GASTEL PÈRE. — INTERVENTION ROUGEMONT ET MÊME DEMANDE. — JUGEMENT DU 24 MAI 1865.

A la vue de la publication de la faillite des héritiers Gastel, les époux Clauzel ont, par exploit du 13 février 1865, assigné devant le Tribunal de commerce les fils de Piganneau et Beaufour syndic, pour :

« *Voir recevoir la dame Clauzel, opposante au jugement du 7 février ;*

« *Voir mettre ledit jugement à néant.*

Par exploit du 15 février 1865, les époux Bardon ont formé une demande tendant aux mêmes fins.

De leur côté, les fils de Piganeau ont, par exploit du 18 février 1865, assigné tous les héritiers Gastel en débouté de leur opposition, et en outre ils ont conclu à ce qu'il plût au Tribunal :

« *Dire que Gastel père, décédé, sera déclaré en faillite.*

Par exploit du même jour, les frères Maës ont assigné tous les héritiers Gastel :

1° En débouté d'opposition ;

2° En déclaration de la faillite Gastel père.

A la date du 4 mars 1865, **MM**. Archambault Chantrot ont également assigné les héritiers Gastel :

1° En déclaration de faillite de Gastel père ;

2° En report de ladite faillite au 15 avril 1864 ;

3° En maintien de la faillite des héritiers Gastel.

C'est en présence de ces demandes que M. Rougemont de Lowemberg a formé, le 27 mars 1865, une intervention et à conclu devant le Tribunal :

1° A la déclaration de faillite de Gastel père, avec fixation de l'ouverture au 15 avril 1864 ;

2° A la confusion de cette faillite avec celle des héritiers Gastel pour ne former qu'une seule et même masse.

M. Rougemont prenait en outre, contre le syndic, les conclusions suivantes :

Voir déclarer le jugement à intervenir commun avec lui sous la réserve des droits hypothécaires du sieur Rougemont **et de contester au besoin tous créanciers qui auraient fait novation à leurs droits originaires, vis-à-vis de la succession Gastel père.**

Les héritiers Gastel ont déclaré s'en rapporter à justice sur la demande en déclaration de la faillite Gastel père et de la faillite Gastel père et fils.

En cet état, le Tribunal a rendu, le 24 mars 1865, le jugement suivant :

LE TRIBUNAL,

Sur la demande en intervention formée par Rougemont de Lowemberg à la présente instance :

Attendu que Rougemont de Lowemberg justifie avoir droit et intérêt à intervenir dans l'instance ; qu'il y a lieu de le recevoir intervenant ;

PAR CES MOTIFS,

Reçoit Rougemont de Lowemberg intervenant dans la présente instance ;

Attendu que par jugement du 7 février 1865, enregistré, rendu sur assignation, le Tribunal a déclaré en état de faillite ouverte les héritiers Gastel ;

Attendu que la dame Élisabeth-Félicité-Léonie Gastel, épouse de Marcelin Clauzel ; Louis-Pierre-Adrien Gastel ; la dame Marie-Émilie Gastel, épouse de Jean-Pierre-Édouard Bardon, et la dame Marie-Pauline Gastel, épouse de Pierre-Constant-Adrien Assier de Pompignan ; lesdites dames Clauzel, Bardon et Assier de Pompignan, et le sieur Adrien Gastel, se disant seuls héritiers du sieur Gastel, leur père, forment opposition à ce jugement, dont ils demandent le rapport.

Sur la recevabilité de leur opposition :

Attendu que l'opposition est régulière en la forme, qu'elle a été faite dans les délais de la loi, qu'il y a lieu en conséquence de recevoir les héritiers Gastel opposants audit jugement;

PAR CES MOTIFS,

Reçoit les héritiers Gastel opposants en la forme au jugement dudit jour 7 février 1865, vu la connexité joint les causes, et statuant sur toutes les demandes par un seul et même jugement.

Sur la demande en déclaration de faillite, contre Gastel père.

Attendu que Gastel père est décédé à la date du 15 avril 1864, en état de cessation complète de paiements, qu'en conséquence il y a lieu de le déclarer en état de faillite ouverte et de fixer au jour du décès de Gastel père, soit le 15 avril 1864, la date de l'ouverture de ladite faillite;

Sur la demande en déclaration de faillite contre la société Gastel père et fils :

Attendu qu'à la date du 29 mars 1864 une Société a été formée entre Gastel père et fils, pour les opérations de la maison de commission établie par Gastel père, rue d'Anjou-Saint-Honoré, n° 80 ;

Que la cessation de paiements de cette Société est notoire, qu'il y a lieu en conséquence de déclarer la Société Gastel père et fils en état de faillite ouverte, et de lui assigner la même date d'ouverture qu'à la faillite Gastel père.

Sur la demande en déclaration de faillite contre dame Bar-

don, **Bardon**, **Adrien**, **Gastel**, dame **Clauzel**, **Clauzel**, dame **Assier de Pompignan** et veuve **Gastel**.

En ce qui touche dame Bardon, Adrien Gastel, dame Clauzel et dame Assier de Pompignan :

Attendu qu'une Société a été formée par les susnommés en date du 5 janvier 1864, pour reprendre et continuer les opérations de Gastel père et fils ;

Qu'avis de la formation de cette Société a été donné aux tiers par circulaire en date de la formation susindiquée ;

Qu'en cet état, confiance a été faite à chacun des héritiers personnellement, qu'il y a lieu en conséquence de déclarer chacun des sus-nommés personnellement en faillite comme faisant partie de la société des héritiers Gastel ;

Que si la dame Clauzel prétend, pour se soustraire aux effets de son engagement, qu'elle n'aurait accepté que bénéficiairement la succession de son père, cette allégation, bien qu'elle serait justifiée, ne saurait la soustraire aux effets de ses engagements comme faisant partie de la susdite Société ;

En ce qui touche Bardon, Clauzel et Assier de Pompignan :
Attendu qu'ils ne sont pas personnellement héritiers de Gastel père ;

Qu'ils ne sont intervenus dans les agissements de leurs femmes que pour les autoriser à faire le commerce; qu'il convient en conséquence de les mettre hors de cause ;

En ce qui touche la dame veuve Gastel :

Attendu que femme commune en biens avec Gastel père le jugement doit lui être déclaré commun en ce qui touche la communauté ;

Mais attendu que cette dame n'a jamais pris part aux agissements de la société héritiers Gastel ; que de ce fait elle doit être mise hors de cause ;

En ce qui touche la demande en déclaration de faillite contre les héritiers Gastel, composés de Adrien Gastel, Émilie Gastel, Pauline Gastel et dame Clauzel :

Attendu qu'il suit de ce qui précède qu'il y a lieu d'y faire droit et de débouter en conséquence les héritiers Gastel de leur opposition ;

En ce qui touche Beaufour, syndic de la société héritiers Gastel :

Attendu que Beaufour ès-noms qu'il s'agit déclare s'en rapporter à justice ; qu'il y a lieu de lui donner acte de cette déclaration ;

Par ces motifs,

Ouï M. le juge-commissaire en son rapport oral fait à l'audience du 26 avril 1865 ;

Jugeant en premier ressort,

Donne acte au syndic de ce qu'il déclare s'en rapporter à justice ;

Déboute dame Clauzel, Adrien Gastel, dame Bardon et dame Assier de Pompignan de leurs oppositions au jugement dudit jour 7 février 1865 ;

4

Ordonne en conséquence que ce jugement sera exécuté selon sa forme et teneur, nonobstant ladite opposition ;

Dit en conséquence que ce jugement s'applique personnellement à chacun des susnommés comme se disant seuls héritiers du sieur Gastel père ;

Déclare Maës frères, Archambault Chantrot et Cⁱᵉ et Rougemont de Lowemberg mal fondés en leur demande en déclaration de faillite contre Bardon, Clauzel et Assier de Pompignan et la dame veuve Gastel en tant que membres de la société héritiers Gastel ; les en déboute.

Met ces quatre défendeurs hors de cause ;

Déclare la société Gastel père et fils, ayant pour objet la commission dont le siége est à Paris, rue d'Anjou-Saint-Honoré, n° 80, composée de Gastel père, décédé, et Adrien Gastel, en état de faillite ouverte ;

Déclare Gastel père, négociant commissionnaire à Paris, rue d'Anjou-Saint-Honoré, n° 80, aujourd'hui décédé, en état de faillite ouverte ;

Fixe provisoirement au 15 avril 1864 l'ouverture de ces deux faillites, etc.

§ VII.

OPPOSITION DESGROTTES. — CONCLUSIONS DES DÉFENDEURS. — JUGEMENT DE DÉBOUTÉ.

Sur la publication du **24 mai 1865**, M. Desgrotte a, par exploit du 19 juin 1865, formé opposition à la double déclaration de faillite de Gastel père et de la société Gastel père et fils.

Les conclusions par lui prises sont ainsi conçues :

« *Voir mettre à néant le jugement de ce Tribunal, du 24 mai dernier, déclaratif de la faillite de Gastel père et de la société Gastel père et fils ;*

Subsidiairement voir ordonner qu'il sera fait distinction des masses des trois faillites, et notamment que la masse active et passive de Gastel père sera constituée comme à son décès, **jour où devrait remonter l'époque de la cessation des paiements.** »

Par trois exploits des 21, 22 et 29 juin 1865, M. Desgrottes a assigné toutes les parties appelées au jugement du **24** mai, et a pris contre elles les mêmes conclusions.

En cet état, le Tribunal a rendu, le **2** août **1865**, le jugement suivant :

LE TRIBUNAL,

Joint les causes et statuant sur le tout par un seul et même jugement ;

En ce qui touche les héritiers Gastel et Archambault - Chantrot et Cie ;

Attendu que ces défendeurs n'ont pas comparu ni personne pour eux ;

Adjuge à Desgrottes, le requérant, le profit du défaut précédemment prononcé contre les héritiers Gastel et Archambault-Chantrot et Cie ;

En conséquence, et statuant tant à leur égard d'office qu'à l'égard des autres parties en cause ;

Attendu que, par jugement du 24 mai dernier enregistré, rendu sur requête des sieurs Maës frères et Archambault-Chamrot et Cie, le Tribunal a déclaré :

1° La Société Gastel père et fils, ayant pour objet la commission;

2° Le sieur Gastel père,

En état de faillite ouverte ;

Attendu que Desgrottes, créancier du feu sieur Gastel père, a formé opposition à ce jugement, dont il demande le rapport ;

Qu'il demande en outre et très-subsidiairement qu'il soit fait distinction des masse;

Sur la recevabilité de l'opposition ;

Attendu qu'elle est régulière en la forme, qu'elle a été faite dans les délais de la loi, qu'elle est recevable ;

Par ces motifs :

Reçoit Desgrottes opposant en la forme aux jugements déclaratifs des faillites Gastel père et Gastel père et fils dudit jour 24 mai dernier ;

Et statuant au fond tant sur le mérite de cette opposition que sur les conclusions subsidiaires et sur la demande en intervention du syndic ;

SUR LES OPPOSITIONS

Attendu qu'il résulte des documents produits qu'à la date du 15 avril 1864, époque du décès de Gastel père, ce dernier

était en état de cessation de paiements, qu'en effet, malgré l'apparence d'une situation commerciale dans laquelle l'actif aurait été supérieur au passif, il est constant que dès l'année 1863 et pendant 1864, Gastel père n'a entretenu son existence commerciale qu'à l'aide d'emprunts, de renouvellements et même de manœuvres destinées à dissimuer sa véritable situation; qu'il est notoirement constaté que dans l'intention commune de Gastel père et Gastel fils, la société Gastel père et fils n'a eu lieu que dans le but de créer, au profit de Gastel père, une nouvelle signature sociale et de venir en aide à une situation déjà désespérée;

Attendu qu'il est constant que Desgrottes avait connaissance de cette situation, et que, créancier de Gastel père, sa prétention de **voir** *l'actif de ce dernier échapper à l'action commune des créanciers de la société postérieure n'est que l'expression d'un intérêt personnel qui aurait pour effet de détourner à son profit le gage commun de tous les créanciers, soit de Gastel père, soit de ses héritiers ;*

Attendu que dans ces circonstances il y a lieu de déclarer l'opposition sans effet et de maintenir le jugement déclaratif des faillites auquel est opposition ;

Sur les conclusions subsidiaires à fin de division des masses ;

Attendu que depuis la déclaration prononcée par le Tribunal de la faillite de Gastel père l'actif a été complétement transformé ; qu'une partie a été l'objet d'engagements hypothécaires et une autre vendue ;

Qu'il est impossible quant à présent de déterminer la situation des masses diverses sur le sort desquelles le Tribunal est appelé à statuer ;

Qu'il y a donc lieu de surseoir sur les conclusions de ce chef ;

En ce qui touche la demande en intervention ;

Attendu que d'après les motifs sus-énoncés il y a lieu de déclarer commun aux défendeurs le présent jugement ;

PAR CES MOTIFS,

Déboute Desgrottes de son opposition au jugement déclaratif de faillite du 24 mai dernier ;

Dit en conséquence que ce jugement sortira son plein et entier effet et qu'il continuera à être exécuté selon sa forme et teneur nonobstant ladite opposition ;

Surscoit à statuer ultérieurement sur les conclusions subsidiaires à fin de distinction des masses ;

Déclare le présent jugement commun à Rougemont de Lowemberg, Archambault-Chantrot et Cie et aux fils de Piganeau, et condamne Beaufour ès-nom en tous dépens ;

Qu'il est autorisé à tout événement à employer en frais privilégiés de syndicat lesdits dépens taxés à 120 fr. 21 c.

§ VIII.

APPEL PAR LES HÉRITIERS GASTEL DU JUGEMENT DU **24** MAI 1865 — APPEL PAR DESGROTTES DU JUGEMENT DU 2 AOUT. — CONCLUSIONS DES INTIMÉS.

Les héritiers Gastel ont interjeté appel du jugement du 24 mai 1865, et ils demandent à la Cour le rapport, tant de leur faillite personnelle que de la faillite de l'être moral — HÉRITIERS GASTEL.

De son côté, M. Desgrottes a interjeté appel du jugement du 2 août 1865, et conclu au rapport de la faillite, tant de Gastel père que de la société Gastel père et fils.

Les intimés demandent la confirmation des deux jugements.

En cet état, la cause présente à juger les questions suivantes :

QUESTIONS

1. En droit, un commerçant peut-il être mis en faillite si son insolvabilité est constante et bien qu'il ne soit pas rapporté d'actes de poursuites antérieurs à son décès ?

Doit-il en être ainsi notamment dans le cas où le défunt n'a soutenu son crédit qu'à l'aide de moyens frauduleux ou d'actes fictifs ?

II. En fait, **M.** Gastel père est-il mort en état d'insolvabilité, et y a-t-il lieu de maintenir sa faillite?

III. Les intimés qui demandent le maintien de la faillite Gastel père sont-ils bien créanciers de Gastel père?

IV. L'action en rapport de faillite de **M.** Desgrottes est-elle recevable, légitime et justifiée?

V. La Société Gastel père et fils doit-elle être maintenue en faillite et doit-on fixer au **15** avril **1864** la date de sa cessation de payement?

VI. Doit-on déclarer Gastel père en faillite comme associé en nom collectif de la Société Gastel père et fils?

VII. Les héritiers Gastel doivent-ils être déclarés individuellement en faillite comme membres de la Société Gastel père et fils et à ce titre soumis à toutes les règles qui régissent les associés en nom collectif?

VIII. Les héritiers Gastel doivent-ils être déclarés en faillite sous la raison héritiers Gastel comme ayant constitué entre eux une Société de fait et l'ayant portée à la connaissance de tiers qui lui ont fait foi?

PREMIÈRE QUESTION.

En droit, un commerçant peut-il être mis en faillite si son insolvabilité est constante et bien qu'il ne soit pas rapporté d'actes de poursuites antérieurs au décès ?

Doit-il en être ainsi notamment dans le cas où le défunt n'a soutenu son crédit qu'à l'aide de moyens frauduleux ou d'actes fictifs?

Les principes du droit sur la cessation de paiement sont simples.

L'article 437 du Code de commerce est ainsi conçu :

« *Tout commerçant qui cesse ses paiements est en état de faillite.*

La faillite d'un commerçant peut être déclarée après son décès, lorsqu'il est mort en état de cessation de paiements.

La déclaration de la faillite ne pourra être prononcée d'office et ne doit être demandé par les créanciers que dans l'année qui suivra le décès. »

Cette rédaction de l'article 437 de la loi du **28** mai 1838, diffère essentiellement de l'article **441** de l'ancien Code de commerce lequel était ainsi conçu :

« *L'ouverture de la faillite est déclarée par le Tribunal de commerce; son époque est fixée soit par la retraite du débiteur, soit par la clôture de ses magasins, soit par la date de tous actes constatant le refus d'acquitter ou de payer des engagements de commerce.*

5

Tous les actes ci-dessus mentionnés ne constateront néanmoins l'ouverture de la faillite que lorsqu'il y aura cessation de paiements ou déclaration du failli.

La législation nouvelle n'a entendu ni circonscrire, ni restreindre l'appréciation du juge; elle lui a laissé la faculté de déclarer un commerçant en faillite en dehors des faits et des actes exigés par l'ancien Code de commerce.

Trois arrêts vont nous donner l'état de la jurisprudence.

Le premier est un arrêt de Lyon du 31 décembre 1847, qui déclare un commerçant en faillite, bien qu'il n'ait jamais refusé de payer, mais par le motif qu'il payait avec le concours d'un créancier qui voulait obtenir une garantie particulière.

ARRET

Lyon, 31 décembre 1847.

La Cour,

Attendu qu'aux termes de l'art. 437, Cod. comm... tout commerçant qui cesse ses paiements est en état de faillite ;

Attendu qu'il résulte des pièces et des documents du procès, qu'au 31 mai 1845, Fulchiron, marchand de bois à Saint-Étienne, était notoirement en état de cessation de paiement, et que cette position fâcheuse était surtout connue de Girard et Nicolas frères, qui se sont efforcés, dans leur intérêt, d'en faire disparaître les signes apparents ;

Attendu en effet, qu'au 31 mai 1845, Fulchiron était débiteur d'un billet de 5,000 francs ;

Que ce billet fut payé, non par lui, mais par Girard et Nicolas frè-
res, et que les faits postérieurs et notamment l'acte du 5 juin 1845, dé-
montrent que Girard et Nicolas frères ne payèrent pour le compte de
Fulchiron que pour obtenir une hypothèque qui garantirait non-seu-
lement les 5,000 francs dont s'agit. mais encore 32,000 francs dont ils
étaient créanciers ou garants ;

**Attendu que si, postérieurement au 31 mai, Fulchiron a
pu faire des payements, ce n'est qu'au moyen du crédit fac-
tice qui résultait de l'acte du 5 juin 1845 ;**

**Attendu que de ces diverses circonstances, il résulte clai-
rement qu'au 31 mai 1845, Fulchiron n'avait ni fonds ni
crédit ;**

**Qu'il se trouvait ainsi dans l'impossibilité d'acquitter ses en-
gagements, et que, si à cette époque il a pu obtenir de Girard et Nicolas frères qu'ils payeraient pour lui, c'est en
sacrifiant à leur profit les garanties qui appartenaient à tous
les créanciers.**

PAR CES MOTIFS :

Déboute Girard et Nicolas frères de l'opposition par eux formée à
l'arrêt du 24 août 1847 ; ordonne en conséquence que ledit arrêt qui a
prononcé la confirmation du jugement dont est appel sortira plein et
entier effet.

Le second est un arrêt de la Cour de Paris du 30 mars 1848, qui
consacre le principe admis par les premiers juges, que la fraude
peut donner lieu à la déclaration de faillite malgré les paiements
effectués.

ARRÊT DE PARIS DU 30 MARS 1848.

La Cour,

Considérant que l'article 437, Code de commerce, pose le principe que c'est la cessation de paiements qui constitue la faillite ;

Considérant que si le législateur n'a point déterminé les caractères d'où l'on peut induire la cessation de paiements, et a laissé à l'appréciation du juge les circonstances qui l'établissent, il faut néanmoins que la cessation soit réelle et effective, ou que la continuation de paiements n'ait été que le résultat de combinaisons frauduleuses ;

Considérant, en fait, que la cessation des paiements de Jumentier et de Bronchant n'a eu lieu qu'en 1847 ;

Que s'ils ont antérieurement recouru à une circulation de billets, souvent renouvelés pour les nécessités de leur commerce, ces billets n'ont point été protestés sur eux, ET QUE LA FRAUDE N'EST PAS JUSTIFIÉE ;

Qu'en 1846, le crédit de Jumentier et de Brochand était encore tel qu'à l'ouverture de la succession Jumentier père, qui présentait un actif important, aucune opposition n'a été formée au partage ;

Infirme, au principal, ordonne que l'ouverture de la faillite de Jumentier et Brochand restera fixée à la date du jugement déclaratif de ladite faillite.

La tendance de la jurisprudence constatée par ces arrêts est loin, comme on le voit, de la doctrine de l'arrêt de Bourges, du 18 août

1845, qui légitime des paiements faits à l'aide de faux et de vol.

Aussi le troisième arrêt que nous invoquons et qui a été rendu par la Cour d'Amiens, le **18 juin 1863**, pose-t-il en principe qu'un commerçant peut être déclaré en faillite, lorsqu'il résulte de l'état de ses affaires au jour de son décès, qu'il était dans l'impossibilité d'acquitter ses dettes exigibles.

Il est ainsi conçu ;

ARRÊT D'AMIENS DU 12 JUIN 1863.

La Cour,

Attendu que, même en l'absence d'un inventaire qui aurait dû être produit en première instance par l'héritier bénéficiaire, et qui ne l'est même pas en appel, les faits et les documents antérieurs et postérieurs au 5 décembre 1861, établissent suffisamment, par leur ensemble et leur rapprochement, que si, à cette date du **décès, il n'y avait eu ni poursuite ni protêt, il y avait néanmoins impossibilité d'acquitter les dettes exigibles, inexécution forcée des obligations du défunt, et dès lors, et dans les termes de l'article 437, § 2 du Code de commerce, état de cessation de paiements.**

Par ces motifs,

La Cour confirme :

Il faut donc reconnaître que tout commerçant qui, au jour de sa mort, est dans l'impossibilité de faire face à ses engagements, doit être déclaré en faillite.

A plus forte raison doit-il en être ainsi lorsque le défunt a eu recours à des abus de confiance et à des circulations fictives pour subvenir aux nécessités de sa situation.

La doctrine que nous soutenons est juridique et morale, et il ne devrait y être fait exception que dans un seul cas :

Celui ou un tiers de bonne foi, séduit par les apparences, aurait traité avec le failli et défendrait la légitimité de son contrat.

On comprend en effet que les magistrats viennent en aide aux tiers trompés pour les soustraire aux nullités de la loi spéciale sur les faillites.

Mais la Cour voudra bien considérer que M. Desgrottes seul s'oppose à la mise en faillite de Gastel père, et qu'il n'est dans aucun des cas que la doctrine et la jurisprudence cherchent à protéger dans leur sollicitude pour la bonne foi.

DEUXIÈME QUESTION.

En fait, M. Gastel père est-il mort en état d'insolvabilité, et y a t-il lieu de maintenir sa faillite?

M. Desgrottes a soutenu que M. Gastel était dans une situation opulente au jour de son décès ; il l'a présenté à la Cour comme possesseur d'immeubles importants, tant en France qu'à la Martinique,

commanditaire dans de grandes entreprises, propriétaire de marchandises nombreuses en consignation ou en voyage, et il a invoqué
les états fournis par le syndic.

Nous allons opposer à ce tableau de fantaisie, la réalité dans toute
sa nudité et faire apparaître M. Gastel AVANT et APRÈS son décès.

§ I.

AVANT.

1· *Circulation à vide.*

Au mois de mars 1864, la circulation d'effets de **M.** Gastel père
s'élevait à **1,933,110** francs.

La circulation fictive, c'est-à-dire dont les billets étaient dépourvus
de toute consignation et de tout gage, s'élevait à près de 700,000 fr.

Un grand nombre de ses engagements avait déjà été renou-
velé.

2° *Crédits sollicités.*

Au mois de mars et avril 1864, M. Gastel père adressait à plusieurs
maisons de commerce des demandes d'ouverture de crédit.

Le 6 mars 1864, il écrivait à MM. Pastré frères la lettre suivante :

Bien que les relations que j'ai eu l'honneur d'avoir avec votre maison
n'aient eu ni grande importance ni la durée que j'aurais voulu leur

voir conserver, je crois qu'elles ont suffi pour me faire connaitre de vous, Messieurs, et qu'elles autorisent les ouvertures que j'ai à vous faire aujourd'hui.

J'aurai peut-être besoin, pour le mois prochain ou le mois suivant, d'un crédit en acceptations à quatre-vingt-dix jours et pas autrement, dont je ne saurais fixer le chiffre dès aujourd'hui, mais qui flottera entre 200 ou 300,000 francs, sans dépasser ce maximum.

Je viens donc vous demander s'il vous conviendrait de me l'accorder et à quelles conditions; voici comment je compterais en user. Je tirerais sur vous à trois mois, au fur et à mesure de mes besoins, des traites que vous accepteriez, et je vous consignerais, pour une somme égale à vos traites, des sucres des Antilles françaises et espagnoles, c'est-à dire de la Martinique, de la Guadeloupe et de Porto-Rico, de telle façon qu'il serait A PEU PRÈS CERTAIN que les connaissements seraient entre vos mains avant l'échéance des acceptations.

Si cet arrangement vous convenait, je pourrais dès aujourd'hui vous adresser connaissement à 350 barriques sucre que j'ai sur le Bornéo, relâché à Saint-Thomas, avec une voie d'eau sans importance et sans avarie de la marchandise, pour laquelle j'ai d'ailleurs une police parfaitement en règle et qui vous serait remise en même temps que le connaissement.

Je dois vous faire remarquer que ces ouvertures ne reposent que sur des éventualités, et qu'il pourrait se faire que tout se limitât au Bornéo.

En tout cas, comme je n'aurai besoin qu'à la fin d'avril ou dans le courant de mai du crédit que je vous demande en dehors des 350 barriques sucre Bornéo, vous avez, avant que nous commencions, tout le temps de vous renseigner à la Martinique sur tout ce qui laisserait un doute dans votre esprit et vous pouvez prendre jusque-là pour me donner une réponse définitive; toutefois je serais bien aise que vous me fissiez connaître vos intentions.

Sans que cela entraînât engagement de votre part, de manière que je puisse écrire moi-même à la colonie par le packet du 15 ou par celui du 31.

Ce que je vous demande, c'est de me rapprocher le plus, sous le rapport des conditions, de vos correspondants les plus favorisés.

Veuillez agréer,

Nous relevons dans cette lettre la phrase suivante dont la portée n'échappera pas à la Cour :

**« De telle façon qu'il serait à peu prés certain que les con-
« naissements seraient entre vos mains avant l'échéance de
« vos acceptations. »**

M. Gastel en était donc réduit à demander à une maison importante des avances à découvert, puisqu'il lui demandait des acceptations avant que le nantissement fut entre ses mains.

Ainsi MM. Pastré frères ne s'y sont pas trompés et ils ont répondu le 7 mars 1864, une lettre dans laquelle on lit le passage suivant qui est significatif :

6

Nous ne serons pas rigoureux au point de ne pas accepter quelques traites sur un chargement déterminé et en voie d'embarquement, dont le connaissement n'aurait pas été prêt pour le même courrier. Seulement, à notre grand regret, nous ne pourrions nous engager à accepter des TRAITES A DÉCOUVERT et à valoir sur des chargements indéterminés à venir plus tard, parce que c'est un travail que nous nous sommes interdit d'une manière absolue, car si nous devions y faire une exception, ce serait pour vous.

Repoussé dans cette première demande, M. Gastel s'adresse, le 2 avril 1864, à MM. Deville et Alary, de Marseille, et leur adresse la lettre suivante :

Je reçois, Messieurs et amis, votre lettre du 1er courant renfermant la traite que je vous avais envoyée pour recevoir votre acceptation. Merci.

Je viens aujourd'hui vous demander s'il n'entrerait pas dans vos convenances de me prêter votre concours.

J'aurais besoin pour le 10 ou le 12 de ce mois d'un crédit de 75 à 80,000 fr., en acceptations à 90 jours, et pas autrement, pour une affaire que je me déciderais à accepter, s'il vous convenait de m'accorder ce crédit, auquel cas je vous ferais consigner des sucres de la Martinique pour vous en couvrir ; faites-moi l'amitié de me dire si vous accueillez cette ouverture, et à quelles conditions, afin que je puisse bien faire mes calculs.

Je vous salue, Messieurs et amis, bien cordialement.

Non content de cette première demande, il en adresse une troisième à MM. Maës frères, le 2 avril 1864.

Messieurs Maës frères.

Nantes.

Laissant tout naturellement à MM. F. Michelet, Delatouche et C le soin de vous tenir au courant de la marche de notre opération, du succès de laquelle j'augure toujours très-bien, je viens, Messieurs et amis, réclamer votre concours.*

J'aurais besoin, pour une affaire dont je ne pensais pas avoir à m'occuper, d'un crédit de **75** à **80,000** francs en acceptations à quatre-vingt-dix jours et pas autrement ; pour le **10** ou le **20** courant, je viens vous prier, messieurs et amis, de me faire savoir s'il vous convient de me l'accorder, à la condition de vous faire consigner des sucres de la **Martinique** pour une somme égale.

Si, comme je n'en doute pas, vous accueillez cette ouverture, je vous prierai de me dire vos conditions, bien persuadé qu'elles seront aussi douces que possible.

La Cour remarquera que M. Gastel déclare avoir besoin d'argent pour les échéances des 10 et 12 avril.

Bien convaincu que ses démarches auprès de ces trois maisons ne réussiraient pas, M. Gastel écrit à M. Noël Vincent, de Nantes et lui demande également un crédit de 80,000 fr. dans les mêmes termes :

« **J'aurais besoin pour le 10 ou 12 de ce mois crédit de 75 à**

80,000 francs en acceptations à quatre-vigt-dix jours, et non autrement ; dites-moi, je vous prie, si vous seriez disposé à me l'accorder, à la condition de vous faire consigner des sucres de la **Martinique** pour une somme égale. **Dans** l'affirmative. je vous prierai de me dire quelles seraient vos conditions ; je n'hésite pas à croire que, sous ce rapport, vous me mettrez au rang de vos correspondants les plus favorisés.

Après avoir ainsi frappé aux portes de tous ses correspondants. M. Gastel père, atteint de la maladie à laquelle il doit succomber, veut à tout prix se soustraire aux échéances qui le menacent en présence d'une caisse vide.

Que fait-il ?

Le **29** mars 1864 il improvise une société entre lui et son fils sous la raison sociale Gastel père et fils.

Il stipule dans l'article **7**, la continuation de la société avec les héritiers de l'associé prédécédé.

Il crée ainsi une signature qui facilitera sa circulation et qui, dans tous les cas, lui survivra et permettra d'obtenir et continuer les renouvellements précédemment faits.

Comment méconnaître le caractère de cet acte de Société ?

M. Gastel fils apporte-t-il un sou à son père ?

Non.

Il lui apporte purement et simplement le concours de son travail et de son industrie.

M. Gastel fils a-t-il une fortune, un crédit personnel?

Non.

Mais les billets sont renouvelés et le but est atteint.

M. Gastel père meurt le 15 avril 1864, et nous allons voir apparaître l'insolvabilité la plus complète.

§ II.

APRÈS LE DÉCÈS.

La succession est ouverte ; les créanciers réclament, et parmi eux M. Rougemont de Lowemberg veut être payé de 197,518 francs.

Le 31 mai 1864, les quatre héritiers Gastel font avec M. Rougemont le traité qui a été mis sous les yeux de la Cour et dont nous résumons la substance. (V. *supra*, p. 6.)

Dans ce traité les héritiers reconnaissent :

1° Que M. Rougemont, créancier de 597.118 fr., demande à être payé ;

2° Que ce paiement est impossible à la succession ;

3° Que pour sauver sa créance, M. Rougemont devra faire une nouvelle avance de 300,000 fr. ;

4° Que pour garantir la créance totale de 500,000 fr., ils sont prêts à donner hypothèque sur les immeubles ;

5° *Que M. Rougemont devra mettre les héritiers en mesure de faire* HONNEUR *aux échéances commerciales ;*

6° Qu'enfin M. Rougemont fournira les moyens de faire face aux frais de bureau de la succession et aux dépenses de maison de M. Gastel.

Nous le demandons à la Cour, peut-on avouer une insolvabilité, une pénurie plus complète ?

Ce n'est pas tout :

L'article premier du traité est ainsi conçu :

« *La Société formée à Paris le 29 mars 1864, sous la raison sociale Gastel père et fils,*

(Société dont l'unique but était de créer une signature commerciale qui pût survivre à M. Gastel père.)

Est considérée comme nulle et non avenue ;

Toutes les opérations faites sous le nom de la dite raison sociale dépendent réellement de la succession Gastel père. »

Les fils de Gastel père avouent donc que la Société n'a été qu'un moyen fictif et frauduleux inventé par Gastel père pour créer une signature qui lui survécût !

Nous le demandons à tous, n'est-ce pas avec raison, droit et moralité, que les premiers juges ont dit dans leur sentence du 2 août 1865 :

« Qu'il est constant que dès l'année 1863, et pendant le cours de l'année 1864, Gastel père n'a entretenu son existence commerciale qu'à l'aide d'emprunts, de renouvellements et même de manœuvres destinées à dissimuler sa véritable situation ;

« Qu'il est notamment constaté que dans l'intention commune de Gastel père et de Gastel fils, la Société Gastel père et fils n'a eu lieu que dans le but de créer au profit de Gastel père une nouvelle signature sociale, et de venir en aide à une situation déjà désespérée.

Que deviennent en présence de ces réalités et de ces aveux :

1° Les allégations pompeuses de **M**. Desgrottes ;

2° Les états du syndic dressés sur une comptabilité dont le secret lui échappait, et dans l'ignorance d'une situation qui lui était habilement dissimulée ?

La Cour reconnaîtra donc avec les arrêts précédemment cités :

1° Que Gastel père était en état d'insolvabilité et de cessation de paiement ;

2° Qu'il a maintenu sa situation à l'aide de méfaits et d'actes frauduleux ;

3° Que le jugement qui déclare sa faillite doit être confirmé.

TROISIÈME QUESTION.

Les créanciers intimés qui demandent le maintien de la faillite
Gastel père sont-ils bien créanciers de Gastel père ?

Quatre créanciers sont au nombre des intimés et sollicitent de
la Cour le maintien de la faillite Gastel père.

Une seule personne s'oppose à cette faillite, c'est M. Desgrottes.

Il importe donc de rechercher et de constater quels sont les titres
des intimés, quelle est leur origine et s'ils constituent bien une dette
personnelle à Gastel père.

Nous ne pouvons soumettre à la Cour le dépouillement complet
des livres et de la comptabilité, mais nous lui affirmons la sincérité
des déclarations qui suivent et qu'elle pourra vérifier sur les livres
de Gastel père.

I

CRÉANCE PIGANNEAU.

Les traites dont les fils de Piganneau sont tiers porteurs ont pour
origine :

1° Des acceptations de Gastel père remises à la maison Assier
et C⁶, les 29 janvier et 23 février 1864, payables les 29 avril et 2 mai
1864 ;

2° Le renouvellement de ces traites par des acceptations de Gastel

père et fils, en date du 13 avril 1864, payables les 12, 25, 31 juillet
et 5 août 1864 ;

Toutes ces traites furent tirées pour le compte de Gastel père et
de Gastel père et fils qui en reçurent le produit à l'aide duquel ils
acquittèrent les acceptations renouvelées.

A l'échéance de ces traites ainsi renouvelées, les héritiers Gastel se
trouvant dans l'impossibilité de payer, firent un renouvellement
payable au 30 octobre 1864.

Donc la créance Piganneau, qui provient des négociations Assier
de janvier et février 1864, constitue une dette de Gastel père.

La correspondance et notamment une lettre du 29 février 1864,
inscrite au registre n° 14, f° 57, ne laissent aucun doute à cet
égard.

II

CRÉANCE ARCHAMBAULT-CHANTROT ET Cie.

La créance de MM. Archambault-Chantrot et Cie provient des
opérations suivantes :

1° Le 24 mars 1864, Gastel remettait à Michelet Delatouche et Cie,
des acceptions payables en juin 1864 ;

Trois de ces acceptations étaient en circulation au jour du décès
de Gastel père ;

2° A l'échéance, les héritiers Gastel ne pouvant payer, ces acceptations furent renouvelées par eux sous la signature héritiers Gastel,

le 21 juin 1864 (copie de lettres, n° 15, f° 75), à l'échéance des 20 et 24 septembre 1864;

3° Un second renouvellement fut fait de ces traites, par les héritiers Gastel, le 15 septembre 1864, à l'échéance du 23 décembre 1864;

C'est à partir de ce dernier renouvellement que MM. Archambault-Chantrot sont tiers porteurs.

III

CRÉANCE MAES.

Voici son origine :

1° En décembre 1863, M. Gastel père accepta des traites pour 177,000 fr., payables le 19 mai 1864;

A l'échéance, les héritiers Gastel consignèrent à Maës frères les sucres dont Guérin Boudet était dépositaire, et leur remirent pour 171,000 fr. de traites héritiers Gastel à l'échéance du 16 août 1864;

2° Le 23 octobre 1863, MM. Maës frères firent avec Gastel une opération de sucres qui les constitua créanciers de 28,880 fr. pour lesquels ils firent traite le 5 avril 1864, sur Gastel père et fils, à l'échéance du 4 juillet 1864;

3° Par une seconde opération d'avril 1864, MM. Maës frères furent constitués créanciers de 34,000 fr. pour lesquels ils firent traite à l'échéance du 21 juillet 1864;

4° A l'échéance les deux traites ci-dessus n'ayant pas été payées, le renouvellement en fut fait sous la raison héritiers Gastel, les 2 et 10 juillet 1864 ;

5° A la date des 8 mars et 5 avril 1864, Gastel père tira sur MM. Maës 60,000 fr. de traites, à l'échéance du 5 juillet 1864 ;

Cette somme n'ayant pas été payée à l'échéance, a été portée au débit des héritiers Gastel.

Il est donc vrai de dire que MM. Maës frères sont créanciers de Gastel père ; puisque leur créance est le résultat de toutes ces opérations.

IV

CRÉANCE ROUGEMONT DE LOWEMBERG.

Le traité du 29 mai 1864 constate :

1° Que Gastel père était débiteur au, 15 avril 1864, de 197,518 fr. échus ;

2° Que M. Rougemont a consenti une avance de 300,000 fr. pour faire honneur aux échéances commerciales de la société Gastel père ;

Donc la créance Rougemont est incontestablement due par Gastel père et sa succession.

Donc les quatre intimés que M. Desgrottes combat sont des créanciers de M Gastel père, débiteur commun.

QUATRIÈME QUESTION.

*L'action en rapport de faillite de M. Desgrottes est-elle recevable,
légitime et justifiée?*

En établissant avec soin la nature et l'origine des titres des intimés, nous avons eu pour but de convaincre la Cour que ces créanciers étaient dans une situation identique à celle de M. Desgrottes.

Comment donc se fait-il que sur cinq créanciers d'un même débiteur, quatre demandent la faillite et qu'un seul résiste?

En voici la raison et nous la recommandons à toute l'attention de la Cour.

Au jour du décès de M. Gastel père, tous les biens composant sa succession étaient le gage commun de ses créanciers et partant aucune des parties présentes à la barre de la Cour, ne pouvait réclamer ni privilége ni antériorité.

Mais M. Desgrottes imagine de se créer un privilége en considérant MM. Rougemont, Maës, Piganneau et Archambault-Chantrot comme des créanciers des héritiers Gastel.

M. Desgrottes soutient ou se propose de soutenir :

1° Que les titres des intimés n'émanent pas de Gastel père ;

2° Que dans tous les cas les créanciers ont fait novation et accepté pour débiteur nouveau les héritiers Gastel ;

3° Que dès lors les intimés sont sans action sur le patrimoine per-·· sonnel de Gastel père ;

4° Que les créanciers personnels de Gastel père ont seuls le droit d'être payés sur ses biens personnels.

Pour consacrer et réaliser ce système de spoliation contre ces co-créanciers, M. Desgrottes prend une inscription et forme une demande en séparation de patrimoine.

Si ce système de M. Desgrottes triomphe, les intimés perdent leur gage et subissent le privilége de séparation de patrimoine résultant de l'article 2111 du Code civil.

La Cour a donc à se demander si cette action de M. Desgrottes est morale, légitime et justifiée.

Or, de deux choses l'une :

Ou les intimés sont créanciers personnels de Gastel père;

Ou, au contraire, les intimés sont exclusivement créanciers des hé-·· ritiers Gastel.

Dans le premier cas, M. Desgrottes n'a qu'à repousser leur action par une fin de non-recevoir tirée du défaut de qualité.

Mais il s'abstient prudemment de poser nettement le débat, et au lieu d'invoquer ce moyen radical et péremptoire, il discute la cessation de paiement.

Cette tactique et cette abstention de M. Desgrottes, jointes aux pièces que nous soumettons à la Cour, démontrent que tous les intimés sont créanciers de Gastel père, et on se demande alors quel peut être l'intérêt de l'appelant à faire rapporter la faillite du débiteur commun ?

Si **M.** Desgrottes reconnaît que les intimés sont créanciers de Gastel père, la demande en séparation de patrimoine s'évanouit et la demande en rapport de faillite doit être déclarée non-recevable faute d'intérêt.

M. Desgrottes invoque les principes de la faillite, mais il ne le peut.

On comprend, en effet, qu'un tiers qui a traité de bonne foi avec un commerçant à la tête de ses affaires et qui en a reçu soit un gage soit une hypothèque, résiste à une déclaration de faillite qui peut le priver d'une garantie légitimement acquise.

Mais telle n'est pas la position de M. Desgrottes.

Celui-ci, en effet, ne lutte pas pour maintenir un titre attaqué, mais combat pour opposer plus tard à ses cointéressés une novation qui leur enlèverait le gage sur lequel ils ont dû compter.

Aussi les premiers juges ne s'y sont pas trompés quand ils ont dit dans leur sentence :

« **Que la prétention de Desgrottes de voir l'actif personnel de Gastel père échapper à la masse commune des créanciers de la Société n'est que l'expression d'un intérêt personnel qui aurait pour effet de détourner à son profit le gage commun de tous les créanciers soit de Gastel père, soit de ses héritiers.**

La Cour donnera donc acte aux intéressés :

1° De ce qu'ils demandent la double faillite de Gastel père et de la société Gastel père et fils, en leur qualité de créanciers, tant de . Gastel père que de Gastel père et fils ;

2° De ce que leur qualité de créanciers de Gastel père et de la société Gastel père et fils n'est pas contestée par M. Desgrottes ;

3° De ce que dès lors le patrimoine de Gastel père est un gage commun à tous ;

En conséquence elle déclarera l'action de Desgrottes en rapport de faillite non recevable comme dénuée d'intérêt.

CINQUIÈME QUESTION.

La Société Gastel père et fils doit-elle être maintenue en faillite, et doit-on fixer au 15 avril 1864 la date de la cessation de ses paiements?

Dans son assignation en rapport de la faillite Gastel père et de la société Gastel père et fils, M. Desgrottes s'est exprimé ainsi :

Qu'aussitôt le décès du sieur Gastel, la dissolution de CETTE SOCIÉTÉ DE FAIT *avait eu lieu, et que les opérations avaient commencé à nouveau sous le nom d'héritiers Gastel.*

Plus récemment et dans les conclusions prises devant la Cour, le 6 mars 1866, M. Desgrottes reproduit la même allégation dans les termes suivants :

« *Qu'il en est de même, et par les mêmes motifs, en ce qui touche la*
« *déclaration de faillite prononcée contre la Société Gastel père et fils,*
« *laquelle n'a duré* QUE QUELQUES JOURS. »

Pour répondre à cette prétention qui dénie l'existence de la
société Gastel père et fils, il nous suffit de rappeler à la Cour :

1° L'acte de société du 29 mars 1864 et son article 7, aux termes
duquel, en cas de prédécès de Gastel père, la société devait continuer avec ses héritiers ;

2° L'acte de dissolution du 20 août 1864, dans lequel les parties
déclarent dissoudre la société Gastel père et fils, et ajoutent :

« Laquelle Société avait continué d'exister depuis le décès
« de M. Gastel entre les héritiers de ce dernier et M. Gas—
« tel son fils, conformément à l'article 7 des statuts de la
« Société. »

3° La publication faite de cette dissolution dans les formes tracées
par la loi.

Donc la société a eu une existence certaine ;

Donc la société n'était pas une société de fait, mais une société
bien et dûment contractuelle.

Ce premier point établi, nous n'avons plus qu'à nous demander
si la société était en état de cessation de paiement ;

Or, il résulte tant de l'acte de société du 29 mars 1864 que de
l'acte Rougemont du 29 mars 1864, et des titres de créance des
intimés :

1° Que Gastel père avait fait apport dans la société Gastel père et fils de tout son actif commercial tel qu'il se poursuivait et comportait ;

2° Que la société a reçu cet actif commercial sans liquidation préalable, et que dès lors elle est tenue de toutes les dettes commerciales et antérieures de Gastel père ;

3° Que tous les intéressés sont devenus les créanciers de la société Gastel père et fils, et partant de M. Gastel père et de M. Gastel fils, obligés solidaires en leur nom personnel.

4° Que des renouvellements ont été souscrits par la société Gastel père et fils;

5° Que la société est devenue débitrice, tant des intimés que de M. Desgrottes appelant;

6° Que la Société n'a payé ni les dettes de Gastel, ni les dettes sociales, et que dès lors elle est en état de cessation de paiement.

Le jugement qui prononce la faillite de la société Gastel père et fils doit donc être confirmé.

Il est également établi par les documents du procès :

1° Qu'au lendemain du décès de Gastel père, la Société était sans ressources;

2° Qu'elle ne pouvait payer ni M. Rougemont ni ses autres échéances, *ni même ses frais de bureau et de maison.*

C'est donc avec raison que les premiers juges ont fixé la date de la faillite au 15 avril 1864.

8

Doit-on déclarer Gastel père en faillite comme associé en nom collectif
de la société Gastel père et fils ?

Nous venons d'établir en fait que Gastel avait apporté dans la
société Gastel père et fils tout son avoir commercial de Paris et de
la Martinique, et que dès lors la Société était débitrice de toutes les
dettes antérieures de Gastel père.

Nous avons également démontré que toutes les parties appelantes
ou intimées sont créancières de Gastel père et de la société Gastel
père et fils.

La conséquence juridique et légale est donc que tous les biens de
Gastel père sont le gage commun de ses créanciers, et que ces derniers ont le droit d'exercer contre leur débiteur toutes les actions
données par la loi, et notamment l'action en déclaration de faillite.

Si tel est le fait, voyons le droit.

En droit il est constant que la faillite d'une Société en nom collectif entraîne virtuellement la faillite de chaque associé ainsi que le
proclament la doctrine et la jurisprudence.

Telle est l'opinion de M. Troplong (*des Sociétés* n° 75); de Re-
nouard (*des Faillites t.* II, [p. 138); Bédarride (*des Faillites, t.* I,
n° 194).

Le motif donné par ces auteurs est ainsi formulé par **M. Trop-**long :

« *On a beau isoler la Société de ses membres, il n'en est pas moins*
« *certain que ce sont les ressources des associés qui font les ressources*
« *de la Société.*

« *Or, si la Société a failli, n'est-ce pas parce que chaque associé s'est*
« *trouvé au-dessous des obligations qu'il avait contractées sous la foi*
« *d'une solidarité nécessaire.*

La Cour de Douai l'avait ainsi jugé par arrêt du 9 février 1825, et cette jurisprudence est consacrée aujourd'hui par deux arrêts de la Cour de cassation, le premier, du **23** août 1853, le second, du **17** avril 1861.

Nous mettons ces deux arrêts sous les yeux de la Cour :

I

ARRÊT DU 23 AOUT 1853 (S. V. 55. 1. 830).

Attendu, sur le deuxième moyen qu'en décidant que Colleville de-vait être considéré comme nominalement compris dans la déclaration de faillite de la Société Frillay et Cie, prononcée par le jugement du 19 mars 1847, l'arrêt attaqué, loin de modifier en rien la disposition dudit jugement ou d'y ajouter aucune disposition nouvelle, n'a fait qu'expliquer et développer la disposition QU'IL CONTENAIT EN RÉALITÉ, *mais que l'insuffisance de ses termes pouvait rendre obscure, et en ap-parence incomplète ; qu'ainsi l'arrêt attaqué n'a aucunement commis l'excès de pouvoir qui lui est reproché.*

II

ARRÊT DU 17 AVRIL 1861.

La Cour,

Attendu qu'en ce qui concerne la fixation de l'ouverture de la faillite Jules Carlier, ce jugement n'a point été frappé d'appel, et qu'il est aujourd'hui souverainement jugé que, quoiqu'il eût personnellement continué ses paiements jusqu'au 3 mai, Jules Carlier était en état de faillite depuis le 16 janvier précédent, par cela seul qu'à dater de cette époque la Société avait cessé les siens ;

Attendu d'ailleurs qu'en le jugeant ainsi, le Tribunal n'avait fait qu'une juste application des principes ;

Qu'en effet, l'associé en nom collectif, directement et solidairement tenu de tous les engagements de la Société, est personnellement en état de cessation de payements, dès l'instant qu'il laisse en souffrance les dettes qui ne sont pas les siennes ;

Que dans des cas exceptionnels seulement, et s'il acquittait intégralement ces dettes aussitôt que leur existence s'est révélée pour lui, il pourrait échapper à l'application de ce principe qui découle de la nature même de la Société.

Attendu qu'à cet égard la loi ne laisse aucun doute, et qu'il résulte de ses dispositions les plus formelles que, dans sa pensée, la faillite de la Société constitue de plein droit en état de faillite chacun des associés en nom collectif ;

Qu'autrement on ne s'expliquerait ni l'article 348, Code de commerce, qui veut qu'en cas de faillite d'une Société en nom collectif, la déclaration contienne le nom et le domicile de chacun des associés solidaires, ni l'article 458, qui prescrit l'apposition des scellés au domicile de chacun de ces associés, ni surtout l'article 531, qui autorise les créanciers de la Société en faillite à n'accorder de concordat qu'en faveur d'un ou de plusieurs des associés.

Rejette.

On objecte, il est vrai, que le principe reçoit exception lorsque l'associé en nom collectif est décédé.

Mais cette objection a été repoussée par la jurisprudence et notamment par un arrêt de la Cour de Dijon du 14 décembre 1839, et un arrêt de la Cour de cassation du 26 juillet 1843.

Ces deux arrêts ont posé en principe que si l'article 437 du Code de commerce pouvait être invoqué par un commerçant, il ne pouvait l'être en matière de Sociétés.

L'arrêt de la Cour de cassation est ainsi conçu :

La Cour,

Attendu en fait qu'une Société dont la durée était fixée à dix ans, a été formée le 3 juin 1834, entre les sieurs Rivière Baille fils et Albert Robert, pour l'achat et l'exploitation de l'établissement des Forges de

Perreuil, lequel acte n'a été ni remis par extrait au greffe du Tribunal de commerce de l'arrondissement, ni affiché aux termes de la loi ;

Attendu qu'Albert Robert, l'un des associés, est décédé le 21 janvier 1837 ;

Attendu qu'il est constaté, soit par les qualités, soit par les motifs de l'arrêt attaqué, que nonobstant ce décès, L'ÉTABLISSEMENT AVAIT CONTINUÉ DE MARCHER DANS L'INTÉRÊT DES ASSOCIÉS OU DE LEURS REPRÉSENTANTS; QU'IL NE FUT PROCÉDÉ A AUCUNE LIQUIDATION DE LA SOCIÉTÉ, *et que les sieurs Coste, qui avaient, postérieurement au décès de Robert, prêté de l'argent à l'établissement,* SE PRÉSENTAIENT COMME CRÉANCIERS DES NÉGOCIATIONS QU'ILS AVAIENT FAITES DANS L'INTÉRÊT DES FORGES DE PERREUIL, DONT L'EXPLOITATION FORMAIT L'OBJET DE LA SOCIÉTÉ ;

Qu'il suit de là que cette Société a continué de subsister ; que les tiers qui, dans cette confiance, ont traité, n'ont pu être victimes de leur bonne foi ;

Attendu d'ailleurs que, quoique la faillite ait été prononcée plus d'un an après le décès d'Albert Robert, c'est contre la Société qu'elle l'a été et que, dès lors, l'article 437 Code comm. n'est pas applicable.

Rejette.

Il faut donc reconnaître que Gastel père peut être mis en faillite comme membre de la Société Gastel père et fils, à moins qu'on ne démontre que l'action est sans intérêt.

M. Desgrottes pourrait-il objecter et soutenir :

1° Que les intimés n'ont pas d'intérêt à poursuivre la faillite ;

2° Que la faillite n'ajoutera rien au gage qui leur est affecté ?

3° Que la succession Gastel ayant été acceptée purement et simplement, les créanciers trouveront dans l hérédité le gage sur lequel ils étaient en droit de compter?

Évidemment non.

En effet, M. Desgrottes a la prétention d'exercer l'action en séparation de patrimoine et de s'approprier l'intégralité des biens personnels de M. Gastel père, qu'il considère comme placés en dehors de la Société.

Cette prétention suffit pour justifier l'action des intimés, puisque la faillite de Gastel père ne permettra pas à M. Desgrottes de revendiquer le privilége de séparation de patrimoine.

Ajoutons une dernière considération.

Au moment où les intimés ont traité avec M. Gastel père, ils avaient pour gage tous les biens sans exception de leur débiteur et, partant ils n'ont pu en être privés ni par sa mort ni par sa retraite.

Pour qu'il en fût autrement, il faudrait prouver, ou que la dette des intimés n'est pas personnelle à Gastel père, ou qu'elle a pris naissance postérieurement à son décès.

Or, nous avons établi le contraire.

C'est en vertu de ces principes que la jurisprudence décide que tout associé qui se retire d'une société est tenu des dettes antérieures à sa retraite.

Voici les deux arrêts que nous soumettons à la Cour :

I

ARRÊT DE RIOM DU 25 JUILLET 1848 (S. V. 49. 1.749 ,

LA COUR,

Attendu que tout commerçant qui fait partie d'une société commerciale est astreint aux obligations qui naissent pour lui de cette position d'associé;

Qu'il ne suffit pas pour se soustraire aux conséquences de la loi d'établir et de prouver, par un acte régulier et rendu public, qu'on a cessé de faire partie de la Société ; qu'il faut en outre justifier du paiement de toutes les dettes et obligations contractées pour et au nom de la Société;

Attendu qu'il est constant qu'au 17 mars 1848 la Société Dumoulin frères, loin d'avoir fait face à tous ses engagements, était hors d'état de solder ses nombreuses obligations et d'acquitter ses dettes ; que ce fait n'a pu échapper à la connaissance de Dumoulin Dufaud.

II

ARRÊT DE LA COUR DE CASSATION DU 11 AVRIL 1849 (S. V. 49, 1.749).

Attendu qu'il ne suffit pas qu'un associé se retire de la Société pour qu'il devienne étranger à la Société comme s'il n'en avait jamais fait partie ;

Qu'il faut encore qu'il justifie du paiement des dettes contractées pen-
dant le temps qu'il est resté dans les liens du contrat;

Attendu que l'arrêt attaqué constate, en fait, qu'au 17 mars 1848,
époque de la retraite de Dumoulin-Dufaud, la Société Dumoulin frè-
res, loin d'avoir fait face à tous ses engagements, était hors d'était de sol-
der ses nombreuses obligations et d'acquitter ses dettes, et que ce fait
n'avait pu échapper à la connaissance de Dumoulin-Dufaud;

Attendu que ce motif suffirait seul pour faire rejeter le pourvoi,

Rejette.

La faillite de Gastel père doit donc être prononcée en tant que
membre de la société Gastel père et fils.

SEPTIÈME QUESTION.

Les héritiers Gastel doivent-ils être déclarés individuellement en fail-
lite comme membres de la société Gastel père et fils, et à ce titre
soumis à toutes les règles qui régissent les associés en nom col-
lectif?

Pour résoudre cette question, il faut rechercher et établir quelle
est la valeur légale de la clause de continuation de Société insérée
dans l'article 7 de l'acte du 29 mars 1864.

L'article 1868 du Code civil est ainsi conçu :

S'il a été stipulé qu'en cas de mort de l'un des associés la société con-
tinuerait avec son héritier, ou seulement entre les associés survivants,

9

ces dispositions seront suivies. Au second cas, l'héritier du décédé n'a droit qu'au partage de la société, eu égard à la situation de cette société lors du décès, et ne participe aux droits ultérieurs qu'autant qu'ils sont une suite nécessaire de ce qui s'est fait avant la mort de l'associé auquel il succède.

Rien n'est plus clair que la disposition de cet article, et cependant elle a soulevé, dans la Doctrine, des dissidences étranges.

M. Pardessus (*Droit commercial, n° 1052*) met en doute le caractère obligatoire de cette stipulation à l'égard de l'héritier majeur mais bénéficiaire.

M. Delangle (*Sociétés commerciales, t. 2, p. 322*) professe que le mineur n'est pas tenu d'exécuter la clause de continuation de Société, et qu'alors même qu'il aurait 18 ans, le conseil de famille peut lui refuser son assentiment.

M. Duvergier émet une opinion à peu près conforme ; il se fonde sur ce que la présence du mineur modifierait le mode d'administration de la Société en faisant intervenir le conseil de famille.

Cette doctrine, contraire au texte de loi, méconnaît les principes les plus élémentaires du droit.

En effet, l'obligation prise par un associé de faire continuer la Société par ses héritiers et d'affecter ainsi son patrimoine aux risques sociaux, constitue une charge de l'hérédité et une garantie sur laquelle les associés et les tiers ont dû compter.

Aussi M. Troplong n'hésite-t-il pas à consacrer l'obligation pour l'héritier d'exécuter le pacte social.

La raison qu'il en donne est déterminante :

La continuation de société ne saurait être jugée du même œil que la constitution de la société ; celle ci est une œuvre de la volonté, CELLE-LA EST LA CHARGE DE L'HÉRITAGE.

C'est un pacte légalement formé qui se transmet avec la succession. « tam hæredibus nostris quam nobismet ipsis cavemus. »

M. Bédarride (*des Sociétés,* n° 26) partage la même opinion.

La Cour de Bordeaux a consacré cette doctrine par un arrêt du 29 juillet 1862 (S. V. 63, 2, 31) dont les motifs ne font que reproduire les raisons données par M. Troplong.

Il faut donc reconnaître que la clause de continuation est obligatoire et que les héritiers ne peuvent se soustraire à l'exécution du pacte social.

Ce premier point établi, il ne nous reste plus qu'à nous demander quelle est la qualité qui appartient aux héritiers continuant une Société en nom collectif.

A cet égard les principes sont certains.

Les héritiers deviennent des associés en nom collectif, et dans ce cas ils sont soumis à la solidarité, à la contrainte par corps, à l'éventualité de la faillite, et ils demeurent tenus tant sur les biens sociaux que sur leurs biens personnels des engagements de la Société.

Dira-t-on que l'héritier bénéficiaire peut se soustraire à ces conséquences juridiques et qu'il ne sera tenu des engagements sociaux que sur les biens par lui recueillis dans la succession de son auteur.

Pour qu'il en fût ainsi, il faudrait trouver soit dans le texte, soit dans l'esprit de la loi une disposition qui créât

Cet associé en nom collectif nouveau.

Affranchi de la solidarité, de la contrainte par corps et de toutes les obligations qui incombent à l'associé en nom collectif.

Dira-t-on que nul n'est associé qui ne veut ?

Dira-t-on que le magistrat, l'avocat, ne peuvent être condamnés à devenir associés et à subir ainsi un caractère commercial incompatible avec leur caractère professionnel ?

Notre réponse est fort simple :

L'héritier n'a qu'à répudier la succession et il demeurera affranchi de la charge qui pèse sur l'héritage.

Que dirait-on d'un héritier testamentaire qui élèverait la prétention de recueillir une succession et de s'affranchir du pacte social ?

Il faut donc reconnaître :

1° Que la clause de la continuation de société est obligatoire pour les héritiers en ce qu'elle constitue une charge de l'hérédité ;

2° Que les héritiers ne peuvent s'y soustraire qu'en renonçant à la succession ;

3° Qu'en acceptant l'hérédité et le pacte social, les héritiers deviennent comme leur auteur associés en nom collectif ;

4° Que les héritiers Gastel en continuant la société sont devenus des héritiers en nom collectif;

5° Que membres d'une société en nom collectif déclarée en faillite, ils doivent ou payer le passif social ou subir eux-mêmes la déclaration de leur faillite individuelle ;

Ajoutons en terminant que M. Gastel fils ne saurait se soustraire à la faillite prononcée contre lui, puisqu'il était membre de la société Gastel père et fils.

HUITIÈME QUESTION.

Les héritiers Gastel doivent-ils être déclarés en faillite sous la raison sociale héritiers Gastel, comme ayant constitué entre eux une Société de fait et l'ayant portée à la connaissance des tiers qui lui ont fait foi?

Les premiers juges ont déclaré en faillite la société de fait créée sous la raison sociale les Héritiers Gastel.

Ce jugement est attaqué par deux motifs :

1° Parce qu'il n'a jamais existé, dit-on, de société de fait — HÉRITIERS GASTEL ;

2° Parce que les héritiers Gastel n'ont été que les liquidateurs soit de la succession Gastel, soit de la société Gastel père et fils.

Les documents placés sous les yeux de la Cour, répondent suffisamment à cette double argumentation.

Il est constant en effet :

1° Que les héritiers Gastel se sont emparés de tout l'actif de la société Gastel et de la société Gastel père et fils ;

2° Qu'au lieu de se présenter à M. Rougemont comme les continuateurs de la société Gastel père et fils, ils ont déclaré dans l'acte du 29 mai 1864 qu'ils tenaient cette société pour nulle et non-avenue ;

3° Que dans le même acte ils se sont engagés à faire liquider dans le plus bref délai tant la succession Gastel père que la société Gastel père et fils, et qu'ils se sont interdit de s'immiscer dans cette double liquidation ;

4° Qu'au lieu de s'abstenir de tout agissement commercial, ils ont, dès le 1er juin 1864, donné à M. Grandmange une procuration qui révèle leur intention de continuer pour leur compte l'exploitation commerciale de leur père ;

5° Qu'on lit en effet dans cette procuration :

Gérer et administrer tant activement que passivement sur les biens et affaires de la succession de M. Gastel, et liquider tant en France qu'à la Martinique les affaires commerciales personnelles à ce dernier, ainsi que celle de la Société en nom collectif formée entre lui et Gastel son fils.

Continuer et faire toute les opérations de commerce de feu Gastel père et de la Société d'entre lui et son fils. ACHETER et vendre toutes marchandises, se charger de toutes commissions et fournitures, passer tous marchés et les exécuter.

6° Que quatre jours après cette procuration, c'est-à-dire le 5 juin 1864, ils ont adressé à tous leurs correspondants une circulaire dans laquelle ils déclarent qu'ils liquideront la société Gastel père et fils, mais qu'ils REPRENNENT et CONTINUENT ses opérations;

7° Que dans tous leurs rapports avec les tiers ils se sont présentés sous la raison sociale héritiers Gastel, indiquant qu'ils avaient maison à Paris et à la Martinique, ayant des en-têtes de lettres, une griffe sur leurs effets de commerce, en un mot tous les attributs d'une société constituée;

8° Qu'ils ont traité avec les tiers, tiré ou accepté des lettres de change, sous la dénomination héritiers Gastel, et que notamment 150,000 francs de traites Blacque portent la griffe de leur raison sociale;

9° Qu'enfin ils ont convoqué leurs créanciers en cette qualité par lettre du 28 novembre 1864. (Voir *suprà*, page 13 et suiv.)

Comment méconnaître en présence de ces faits le bien jugé de la sentence des premiers juges?

Comment ne pas dire avec le jugement dont est appel :

« *Qu'en cet état confiance a été faite à chacun des héritiers person-nellement.* »

Pour se soustraire à la déclaration de faillite les héritiers Gastel soutiennent qu'ils n'ont pas fait le commerce et que les documents invoqués contre eux ne sont que des apparences et non des réalités.

Mais la Cour le comprend, les tiers vis-à-vis desquels les héritiers

Gastel ont pris l'attitude signalée n'ont pas à rechercher l'étendue des opérations faites par leurs débiteurs.

Du reste les livres constatent des actes de commerce assez nombreux, tels que l'exécution de la convention Fabre de la Martinique, ayant pour objet l'acquisition de marchandises moyennant une commission, des achats de coke, etc.

Le délibéré permettra à la Cour de retrouver les traces de ces opérations dans la comptabilité

C'est donc avec raison que la faillite des héritiers Gastel a été prononcée.

SIMPLE RÉFLEXION.

Nous voulons terminer en signalant à la Cour la singularité des prétentions contre lesquelles nous luttons.

M. Desgrottes demande le rapport de la faillite de la Société Gastel père et de la société Gastel père et fils.

Les héritiers Gastel demandent le rapport de la faillite de la Société de fait des héritiers Gastel, et de leur faillite individuelle.

Si la Cour accueille ces deux prétentions, qu'en résultera-t-il?

Que les créanciers seront en présence d'une cessation de paiement et d'une insolvabilité bien constatée, sans obtenir la faillite d'aucun de leurs débiteurs.

La Cour le décidera-t-elle ainsi?

Évidemment non.

DUTARD, *avocat*.

CHARPENTIER, *avoué*.

CONCLUSIONS

POUR

M. BEAUFOUR

AU NOM ET COMME SYNDIC DES FAILLITES DE

1° GASTEL, père
2° Société GASTEL père et fils
3° Héritiers GASTEL
Intimé

CHARPENTIER

CONTRE

1° M. DESGROTTES
Appelant

DAVID

2° M. ADRIEN GASTEL
Les époux ASSIER DE POMPIGNAN
Les époux BARDOU
Appelants

CABANNE

3° Les époux CLAUZEL
Appelants

GIOT

EN PRÉSENCE DE

1° MM. MAES, frères.
Intimés

ROBERT

2° M. ROUGEMONT.
Intimé

BETHEMONT

3° Les fils de PIGANEAU.
Intimés

BORNOT

4° ARCHAMBAULT-CHANTROT et Cⁱᵉ,
Intimés

LE HELLOCO

10

Il plaira a la Cour :

§ I.

Attendu que par jugement du 24 mai 1865, le Tribunal de commerce de Paris a déclaré en faillite :

1° Gastel père ;

2° La société Gastel père et fils ;

3° Les héritiers Gastel, comme société de fait ;

4° Les héritiers Gastel, individuellement ;

Attendu que sur l'opposition formée audit jugement par M. Desgrottes, il est intervenu le 2 août 1865 un jugement qui l'a débouté de sa demande en rapport des faillites Gastel père et Gastel père et fils;

Attendu qu'appel a été interjeté par M. Desgrottes du jugement du 2 août 1865 ;

Attendu, en outre, que les héritiers Gastel ont interjeté appel du jugement du 24 mai 1865, et demandent le rapport de la faillite des dits héritiers Gastel ;

Attendu qu'en cet état, la Cour est saisie des questions suivantes :

§ II.

QUESTIONS DU PROCÈS.

1° La faillite Gastel père doit-elle être maintenue ;

2° La faillite de la société Gastel père et fils doit-elle être rapportée ?

3° Doit-on déclarer en faillite Gastel père, comme membre de la Société en nom collectif Gastel père et fils ?

4° Les intimés sont-ils tous créanciers de Gastel père ?

5° La demande de M. Desgrottes en rapport des faillites de Gastel père et de la Société Gastel père et fils, est-elle recevable ?

6° Les héritiers Gastel doivent-ils être déclarés en faillite individuellement comme membres de la société Gastel père et fils ?

7° Les héritiers Gastel doivent-ils être déclarés en faillite sous la raison sociale héritiers Gastel comme ayant constitué entre eux une société de fait à laquelle les tiers ont fait foi ?

PREMIÈRE QUESTION.

Doit-on maintenir la faillite Gastel père ?

Attendu en droit que la cessation de paiement est abandonnée à l'appréciation du juge et qu'un commerçant décédé peut être déclaré en faillite, lorsqu'au jour de sa mort il était en état d'insolvabilité ;

Attendu qu'il doit surtout en être ainsi lorsque ce commerçant a eu recours à des actes frauduleux, et à une circulation d'effets qui, renouvelés avant et après sa mort, n'ont pas été payés à leur échéance ;

Attendu qu'il est constant en fait :

1° Qu'avant sa mort Gastel père a eu recours à une circulation fictive d'effets plusieurs fois renouvelés ;

2° Qu'en mars et avril 1864, il demandait à plusieurs maisons de commerce des fonds pour faire face à ses échéances du mois d'avril ;

3° Que pour laisser une signature qui lui survécût, il a fait avec son fils la Société du 29 mars 1864 ;

4° Qu'après son décès ses héritiers n'ont pu payer M. Rougemont et ont dû emprunter de quoi faire face non seulement aux échéances, mais aux frais de bureau et de maison ;

Qu'ainsi la cessation de paiement est constante et la déclaration de faillite justifiée.

DEUXIÈME QUESTION.

La faillite de la société Gastel père et fils doit-elle être rapportée.

Attendu qu'il est constant que la société Gastel père et fils du 29 mars 1864, a été continuée par ses héritiers jusqu'au 20 août 1864, ainsi que le constate l'acte de dissolution ;

Attendu que la société Gastel père et fils a reçu tout l'actif commercial de Gastel père et a pris à sa charge tout son passif ;

Attendu que toutes les parties tant appelantes qu'intimées sont créancières de ladite société et ne sont pas payées ;

Que dès lors ladite société doit être mise en faillite ;

Attendu que les dettes de cette société remontent à une époque antérieure au décès de Gastel père. et que les titres qui sont aux mains des tiers porteurs sont des renouvellements impayés ;

Qu'il y a donc lieu de maintenir la date de l'ouverture de la faillite au 15 avril 1864 ;

TROISIÈME QUESTION.

Doit-on déclarer en faillite Gastel père comme membre de la Société en nom collectif Gastel père et fils ?

Attendu en droit que tout associé en nom collectif est tenu des engagements pris par la société dont il fait partie tant sur les biens sociaux que sur ses biens personnels ;

Que dès lors la faillite de la société entraîne la faillite de l'associé. puisque ce dernier ne paye pas la dette qui lui est personnelle ;

Que c'est donc à bon droit que Gastel père a été mis en faillite ;

Attendu que le décès de Gastel père ne peut enlever aux créanciers le droit qui leur appartenait d'être payés sur les biens dudit Gastel ;

Attendu que la prétention de M. Desgrottes d'exercer l'action en séparation de patrimoine à l'encontre des intimés aurait pour résultat de priver ces derniers de leur gage et du droit d'être payés sur les biens de Gastel père, concurremment avec ses autres créanciers ;

Que les intimés ont donc intérêt et droit à faire maintenir la faillite de Gastel père comme associé en nom collectif ;

QUATRIÈME QUESTION.

Les intéressés sont-ils tous créanciers de Gastel père ?

Attendu qu'il résulte des documents du procès que les quatre intimés sont créanciers de Gastel père, et que les traites dont ils sont porteurs sont des renouvellements des acceptations de Gastel père antérieures à son décès ;

Attendu que cette qualité ne leur est pas contestée par M. Desgrottes ;

Attendu en effet que si M. Desgrottes avait entendu contester aux intimés leurs titres de créanciers de Gastel père, il aurait dû leur opposer une fin de non-recevoir tirée du défaut de qualité ;

Que loin d'opposer cette fin de non-recevoir radicale et de nature à mettre fin à tout débat, M. Desgrottes se borne à contester la cessation de payement ;

Qu'il y a donc lieu de donner acte aux intimés de ce que leur qualité de créanciers de Gastel père est virtuellement reconnue par Desgrottes ;

CINQUIÈME QUESTION.

*La demande de M. Desgrottes en rapport des faillites de Gastel père
et de Gastel père et fils est-elle recevable?*

Attendu qu'il est constant que tous les intéressés sont créanciers
de Gastel père, et que dès lors ils ont le droit d'être payés concurremment avec M. Desgrottes sur les biens du débiteur commun :

Attendu que s'il en est ainsi, l'action de M. Desgrottes en rapport
de faillite est sans intérêt et sans objet;

Attendu en effet que M. Desgrottes est porteur d'un titre de
créance non attaqué, et qu'il n'a rien à craindre ni de la faillite ni
de son report;

Que M. Desgrottes n'a pour but unique que d'assurer le succès de
sa demande en séparation de patrimoine, en privant ses cocréanciers
d'un gage que la loi leur assure :   .

Qu'ainsi l'action est non-recevable.

SIXIÈME QUESTION.

*Les héritiers Gastel doivent-ils être déclarés en faillite individuellement
comme membres de la Société Gastel père et fils?*

Attendu qu'il est constant en droit :

1° Que la clause de continuation de Société autorisée par l'article 1868 du Code Napoléon oblige les héritiers, à moins qu'ils ne renoncent à la succession de leur auteur;

2° Que l'héritier continuateur d'une Société en nom collectif devient lui-même associé en nom collectif, et soumis à toutes les lois de la matière.

Attendu en fait que les héritiers Gastel ont accepté la continuation de la société Gastel père et fils, ainsi qu'il résulte de l'acte de dissolution du 20 août 1864 ;

Que dès lors ils sont devenus commerçants et associés en nom collectif;

Attendu qu'à ce titre ils doivent être mis en faillite personnellement à raison de leur cessation de paiement, puisque la dette de la société est la leur ;

SEPTIÈME QUESTION.

Les héritiers Gastel doivent-ils être déclarés en faillite comme être moral sous la désignation héritiers Gastel?

Attendu qu'il résulte des documents du procès que les héritiers Gastel, dans tous leurs actes, leurs correspondances et leurs agissements à l'égard des tiers se sont présentés comme constituant une Société sous la raison *héritiers Gastel*;

Que les mêmes ont adressé à leurs correspondants une circulaire attestant l'existence de ladite Société ;

Qu'enfin par leurs tirages, leurs acceptations et la continuation des

bpérations de Gastel père, ils ont obtenu la foi des tiers qui leur ont
ait confiance ;

Que dès lors, c'est avec raison qu'ils ont déclarés faillite ;

PAR CES MOTIFS :

Statuant sur l'appel interjeté par Desgrottes du jugement du
2 août 1865.

Donner acte aux intimés de ce qu'ils sont créanciers de Gastel
père, et de ce que M. Desgrottes leur reconnaît cette qualité.

Donner acte aux intimés de ce que M. Desgrottes ne leur a opposé
ni en première instance, ni devant la Cour, aucune fin de non-recevoir, tirée de ce qu'ils ne seraient pas créanciers de Gastel père, bien
que ce moyen eût suffi pour faire tomber la demande en déclaration de faillite dudit Gastel ;

Dire que la demande de Desgrottes est sans intérêt ;

Ce faisant :

Dire que la société Gastel père et fils, constituée par l'acte du
29 mars 1864, a continué après le décès de Gastel père. conformément à l'article 7 de la société, entre Gastel fils et ses cohéritiers ;

Dire que Gastel père doit être mis en faillite comme associé en
nom collectif dans la société Gastel père et fils. à raison des obligations constatées envers les intimés avant son décès;

Ce faisant déclarer l'appel du sieur Desgrottes nul, subsidiairement non recevable. plus subsidiairement mal fondé ;

11

Confirmer le jugement du 2 août 1865 avec amende et dépens ;

Statuant sur l'appel interjeté par les héritiers Gastel ;

Dire que la clause de continuation de société contenue dans l'article 7 de l'acte de société du 29 mars 1864 est obligatoire pour les héritiers et constitue une charge de l'hérédité, à moins de renonciation à la succession ;

Dire qu'en continuant la société Gastel père et fils, les héritiers Gastel sont devenus associés en nom collectif d'Adrien Gastel, leur frère, et comme tels soumis à toutes les lois qui régissent les sociétés commerciales ;

Dire que la faillite d'une société en nom collectif entraîne la faillite individuelle de chaque associé ;

Ce faisant,

Déclarer l'appel des héritiers Gastel nul, subsidiairement non recevable, plus subsidiairement mal fondé ;

En conséquence confirmer le jugement du 24 mai 1865 avec amende et dépens ;

Déclarer l'arrêt à intervenir commun à toutes les parties en cause pour être exécuté avec ou contre elles suivant sa forme et teneur ;

Faire distraction des dépens à M. Charpentier, avoué, qui affirme les avoir avancés.

CHARPENTIER, avoué.

50603 — Imp. Renou et Maulde, rue de Rivoli, 144.